Ben and the Magical Bakery: Bilingual German-English Short Stories for Kids

Artici Kids

Published by Artici Kids, 2024.

BEN AND THE MAGICAL BAKERY: BILINGUAL GERMAN-ENGLISH SHORT STORIES FOR KIDS

First edition. May 28, 2024.

Copyright © 2024 Artici Kids.

ISBN: 979-8227263025

Written by Artici Kids.

Table of Contents

Ben und die Zauberbäckerei

ES WAR EINMAL IN EINER kleinen, bunten Stadt namens Glückshausen ein Junge namens Ben. Ben war acht Jahre alt und lebte mit seinen Eltern und seiner kleinen Schwester Lisa in einem gemütlichen Haus am Rande der Stadt. Was Ben am meisten liebte, war Kuchen. Große Kuchen, kleine Kuchen, Schokoladenkuchen, Erdbeerkuchen – er liebte sie alle. Aber am allerliebsten mochte er die Kuchen aus der kleinen Bäckerei am Ende der Straße, die von der freundlichen Frau Zuckerbäckerei geführt wurde.

Frau Zuckerbäckerei war eine ältere Dame mit schneeweißem Haar, das immer wie eine Wolke um ihren Kopf schwebte. Sie trug stets eine Schürze, die mit bunten Bonbons und Zuckerstangen verziert war. Ihre Bäckerei war ein magischer Ort. Schon wenn man die Tür öffnete, strömte einem der herrliche Duft von frisch gebackenem Brot und süßen Leckereien entgegen. Es gab Kekse in Form von Tieren, Torten so hoch wie Türme und Kuchen, die wie kleine Kunstwerke aussahen.

Eines Tages, als Ben nach der Schule auf dem Weg nach Hause war, bemerkte er, dass etwas Seltsames in der Bäckerei vor sich ging. Normalerweise war die Bäckerei voller Kunden, die plauderten und lachten, aber heute war es still. Die Tür war angelehnt, und ein leises Murmeln war zu hören. Ben schlich sich vorsichtig näher und spähte durch das Fenster. Dort sah er Frau Zuckerbäckerei, die sich mit einem besorgten Gesichtsausdruck über einen großen, alten Ofen beugte.

"Das ist komisch", dachte Ben. "Vielleicht braucht sie Hilfe." Er drückte die Tür vorsichtig auf und trat ein.

„Hallo Frau Zuckerbäckerei", rief Ben fröhlich. „Brauchen Sie Hilfe?"

Die alte Dame schaute auf und ein Lächeln breitete sich auf ihrem Gesicht aus. „Ach, Ben! Wie schön, dich zu sehen. Ich habe tatsächlich ein kleines Problem. Mein alter Ofen scheint nicht mehr richtig zu funktionieren. Und ohne ihn kann ich keine meiner magischen Kuchen backen."

Ben runzelte die Stirn. „Magische Kuchen?"

Frau Zuckerbäckerei nickte und winkte Ben näher. „Ja, magische Kuchen. Aber das ist ein Geheimnis, das nur wenige Menschen kennen. Meine Kuchen haben die Kraft, Menschen glücklich zu machen und ihnen besondere Fähigkeiten zu verleihen."

Ben war erstaunt. „Wow! Können Sie mir das zeigen?"

Frau Zuckerbäckerei lächelte und öffnete eine Schublade unter dem Tresen. Sie zog ein altes, verstaubtes Buch hervor und blätterte darin. „Hier ist das Rezept für den Glückskuchen. Wenn jemand ein Stück davon isst, wird er für einen ganzen Tag lang unendlich glücklich."

„Das klingt fantastisch", sagte Ben. „Aber wie kann ich Ihnen helfen?"

„Nun", begann Frau Zuckerbäckerei, „ich brauche jemanden, der mir ein besonderes Zaubermehl bringt. Es wird von den glücklichen Feen im Wald hergestellt. Ich bin zu alt, um die Reise zu machen, aber du bist jung und mutig. Würdest du das für mich tun?"

Ben zögerte keine Sekunde. „Natürlich! Ich werde sofort losgehen."

Frau Zuckerbäckerei gab ihm eine kleine Karte und ein paar Anweisungen. „Folge dieser Karte bis zum großen, alten Baum im Herz des Waldes. Die Feen sind freundlich, aber du musst ihnen ein Rätsel lösen, bevor sie dir das Mehl geben."

Ben nahm die Karte und machte sich auf den Weg. Der Wald war dunkel und geheimnisvoll, aber Ben hatte keine Angst. Er folgte dem Pfad, der auf der Karte eingezeichnet war, bis er den großen, alten Baum erreichte. Dort saßen drei kleine Feen auf einem Ast und kicherten.

„Hallo", rief Ben. „Ich bin Ben. Frau Zuckerbäckerei hat mich geschickt, um das Zaubermehl zu holen."

Die Feen flogen näher und eine von ihnen, die silberne Flügel hatte, sagte: „Wir geben dir das Mehl, wenn du unser Rätsel lösen kannst. Bist du bereit?"

Ben nickte eifrig. „Ja, ich bin bereit."

Die Fee sprach: „Was hat viele Schlüssel, aber kann keine Tür öffnen?"

Ben dachte nach. Viele Schlüssel, aber keine Tür öffnen? Plötzlich fiel es ihm ein. „Ein Klavier!"

Die Feen klatschten begeistert in die Hände. „Du hast es geschafft! Hier ist das Zaubermehl."

Sie überreichten Ben ein kleines Säckchen mit goldenem Mehl. Ben bedankte sich und machte sich auf den Rückweg zur Bäckerei. Als er ankam, wartete Frau Zuckerbäckerei schon auf ihn.

„Das hast du großartig gemacht, Ben", sagte sie und nahm das Mehl entgegen. „Jetzt kann ich den Glückskuchen backen."

Ben schaute fasziniert zu, wie Frau Zuckerbäckerei das Mehl mit anderen geheimnisvollen Zutaten mischte und den Teig in den Ofen schob. Nach einer Weile strömte der herrlichste Duft aus dem Ofen, und ein prächtiger Kuchen erschien.

„Hier", sagte Frau Zuckerbäckerei und schnitt ein Stück ab. „Probiere mal."

Ben nahm einen Bissen und fühlte sofort eine warme, glückliche Welle durch seinen Körper strömen. „Das ist unglaublich!"

Frau Zuckerbäckerei lächelte. „Dank deiner Hilfe können jetzt wieder alle Menschen in Glückshausen glücklich sein."

Von diesem Tag an besuchte Ben regelmäßig die Bäckerei. Jedes Mal, wenn Frau Zuckerbäckerei ein neues magisches Rezept ausprobierte, war Ben dabei und half ihr. Und so wurde die kleine Bäckerei am Ende der Straße wieder zu einem Ort voller

Freude und Wunder, dank der tapferen Hilfe eines kleinen Jungen namens Ben.

Ben and the Magical Bakery

ONCE UPON A TIME IN a small, colorful town called Glückshausen, there was a boy named Ben. Ben was eight years old and lived with his parents and his little sister Lisa in a cozy house on the outskirts of town. What Ben loved most was cake. Big cakes, small cakes, chocolate cakes, strawberry cakes – he loved them all. But his absolute favorite cakes were from the little bakery at the end of the street, run by the friendly Mrs. Zuckerbäckerei.

Mrs. Zuckerbäckerei was an elderly lady with snow-white hair that always floated around her head like a cloud. She always wore an apron decorated with colorful candies and candy canes. Her bakery was a magical place. Just opening the door, you were greeted by the delightful scent of freshly baked bread and sweet treats. There were cookies shaped like animals, cakes as tall as towers, and cakes that looked like little works of art.

One day, as Ben was on his way home from school, he noticed something strange at the bakery. Usually, the bakery was full of customers chatting and laughing, but today it was quiet. The door was ajar, and a soft murmur could be heard. Ben cautiously crept closer and peeked through the window. There he saw Mrs. Zuckerbäckerei bending over a large, old oven with a worried expression on her face.

"That's odd," thought Ben. "Maybe she needs help." He gently pushed the door open and stepped inside.

"Hello, Mrs. Zuckerbäckerei," Ben called cheerfully. "Do you need help?"

The old lady looked up, and a smile spread across her face. "Oh, Ben! How nice to see you. I actually do have a little problem. My old oven doesn't seem to be working properly. And without it, I can't bake any of my magical cakes."

Ben frowned. "Magical cakes?"

Mrs. Zuckerbäckerei nodded and beckoned Ben closer. "Yes, magical cakes. But it's a secret that only a few people know. My cakes have the power to make people happy and give them special abilities."

Ben was astonished. "Wow! Can you show me?"

Mrs. Zuckerbäckerei smiled and opened a drawer under the counter. She pulled out an old, dusty book and flipped through it. "Here is the recipe for the happiness cake. If someone eats a piece of it, they will be infinitely happy for an entire day."

"That sounds fantastic," said Ben. "But how can I help you?"

"Well," began Mrs. Zuckerbäckerei, "I need someone to bring me a special magic flour. It's made by the happy fairies in the forest. I'm too old to make the journey, but you are young and brave. Would you do that for me?"

Ben didn't hesitate for a second. "Of course! I'll go right away."

Mrs. Zuckerbäckerei gave him a small map and some instructions. "Follow this map to the big, old tree in the heart of the forest. The fairies are friendly, but you have to solve a riddle for them to give you the flour."

Ben took the map and set off. The forest was dark and mysterious, but Ben wasn't afraid. He followed the path marked on the map until he reached the big, old tree. There, three small fairies were sitting on a branch, giggling.

"Hello," called Ben. "I'm Ben. Mrs. Zuckerbäckerei sent me to get the magic flour."

The fairies flew closer, and one of them, who had silver wings, said, "We'll give you the flour if you can solve our riddle. Are you ready?"

Ben eagerly nodded. "Yes, I'm ready."

The fairy spoke: "What has many keys but can't open a single door?"

Ben thought. Many keys but can't open a door? Suddenly it came to him. "A piano!"

The fairies clapped their hands in delight. "You did it! Here is the magic flour."

They handed Ben a small sack of golden flour. Ben thanked them and made his way back to the bakery. When he arrived, Mrs. Zuckerbäckerei was already waiting for him.

"You did great, Ben," she said, taking the flour. "Now I can bake the happiness cake."

Ben watched in fascination as Mrs. Zuckerbäckerei mixed the flour with other mysterious ingredients and put the dough into the oven. After a while, the most wonderful smell wafted from the oven, and a magnificent cake appeared.

"Here," said Mrs. Zuckerbäckerei, cutting a piece. "Try it."

Ben took a bite and immediately felt a warm, happy wave wash over him. "This is incredible!"

Mrs. Zuckerbäckerei smiled. "Thanks to your help, now everyone in Glückshausen can be happy again."

From that day on, Ben visited the bakery regularly. Every time Mrs. Zuckerbäckerei tried a new magical recipe, Ben was there to help her. And so, the little bakery at the end of the street became once again a place full of joy and wonder, thanks to the brave help of a little boy named Ben.

Linas Abenteuer mit dem magischen Drachen

ES WAR EINMAL IN EINEM kleinen Dorf namens Sonnenhausen ein fröhliches Mädchen namens Lina. Lina war sieben Jahre alt und liebte es, im Wald zu spielen, der das Dorf umgab. Sie war neugierig und mutig und träumte oft davon, große Abenteuer zu erleben.

Eines sonnigen Tages, während Lina durch den Wald streifte, entdeckte sie eine kleine Höhle, die sie noch nie zuvor gesehen hatte. Die Höhle war mit bunten Blumen und glänzenden Steinen geschmückt. Neugierig wie sie war, konnte Lina nicht widerstehen und kroch hinein.

Die Höhle war größer, als sie von außen schien. Sie führte in einen großen, geheimnisvollen Raum, der von einem warmen, goldenen Licht erleuchtet wurde. In der Mitte des Raumes lag ein großer, prächtiger Drache. Er hatte schimmernde, smaragdgrüne Schuppen und goldene Augen, die freundlich blitzten, als er Lina sah.

„Hallo, kleines Mädchen", sagte der Drache mit einer sanften, tiefen Stimme. „Mein Name ist Draconis. Wer bist du?"

Lina war zuerst ein wenig erschrocken, aber die freundlichen Augen des Drachen beruhigten sie schnell. „Ich heiße Lina", antwortete sie. „Was machst du hier, Draconis?"

Draconis lächelte und erhob sich langsam. „Ich bin ein magischer Drache und bewache diesen Wald seit vielen Jahrhunderten. Aber nun brauche ich deine Hilfe."

Lina war überrascht. „Meine Hilfe? Wie könnte ich dir helfen?"

„Vor langer Zeit", begann Draconis, „habe ich einen magischen Kristall verloren, der die Macht hat, den Wald in Blüte zu halten und die Tiere glücklich zu machen. Ohne ihn beginnt der Wald langsam zu sterben. Du bist mutig und klug, Lina. Ich glaube, du kannst den Kristall finden und ihn zurückbringen."

Lina fühlte sich geschmeichelt und aufgeregt zugleich. „Wo finde ich den Kristall?"

Draconis erzählte ihr von einer alten Eiche tief im Wald. „Unter ihren Wurzeln liegt ein verborgener Tunnel, der zu einer anderen Welt führt. Dort wirst du den Kristall finden, aber sei vorsichtig. Diese Welt ist voller Rätsel und Herausforderungen."

Lina nickte entschlossen. „Ich werde den Kristall finden und zurückbringen!"

Draconis segnete sie mit einem sanften Hauch seines Atems, der Lina ein Gefühl von Stärke und Mut verlieh. „Viel Glück, kleine Heldin."

Lina machte sich sofort auf den Weg zur alten Eiche. Der Weg war lang und beschwerlich, aber Linas Entschlossenheit trieb sie voran. Schließlich erreichte sie die riesige Eiche, deren Wurzeln wie mächtige Arme in den Boden griffen.

Unter den Wurzeln fand Lina einen verborgenen Eingang, genau wie Draconis es beschrieben hatte. Sie kroch hinein und fand sich in einem dunklen, gewundenen Tunnel wieder. Am Ende des Tunnels leuchtete ein schwaches Licht, und Lina folgte ihm mutig.

Der Tunnel führte in eine atemberaubende Welt voller schillernder Farben und seltsamer Kreaturen. Lina sah Blumen, die im Dunkeln leuchteten, und Vögel mit schillernden Federn, die Melodien sangen, die sie noch nie gehört hatte.

Plötzlich trat eine kleine Fee mit glitzernden Flügeln aus den Blumen hervor. „Willkommen, Lina. Ich bin Florina, die Hüterin dieser Welt. Ich weiß, dass du nach dem magischen Kristall suchst."

Lina war erleichtert. „Ja, bitte hilf mir, ihn zu finden."

Florina lächelte und nickte. „Der Kristall befindet sich im Herzen des Verzauberten Waldes, aber um dorthin zu gelangen, musst du drei Prüfungen bestehen."

Lina nickte entschlossen. „Ich bin bereit."

Die erste Prüfung führte sie zu einem Fluss, der von riesigen Steinen und wilden Strömungen durchzogen war. „Um den Fluss zu überqueren", sagte Florina, „musst du den richtigen Weg über die Steine finden. Aber pass auf, einige der Steine sind trügerisch und werden dich ins Wasser ziehen."

Lina beobachtete die Steine sorgfältig und bemerkte, dass einige von ihnen leicht wackelten. Mit einem tiefen Atemzug sprang sie mutig von Stein zu Stein, wählte sorgfältig die stabilen und erreichte sicher das andere Ufer.

„Gut gemacht, Lina", lobte Florina. „Die zweite Prüfung erwartet dich."

Sie führte Lina zu einem großen, verwirrenden Labyrinth aus hohen Hecken. „Du musst den Weg durch das Labyrinth finden", erklärte Florina. „Aber sei vorsichtig, denn es gibt viele Sackgassen und Fallen."

Lina betrat das Labyrinth und ließ sich von ihrem Instinkt leiten. Sie erinnerte sich an die Worte ihrer Mutter: „Wenn du dich verirrt fühlst, höre auf dein Herz." Mit diesem Gedanken navigierte sie geschickt durch das Labyrinth, mied die Sackgassen und fand schließlich den Ausgang.

„Du bist wirklich klug und mutig, Lina", sagte Florina. „Jetzt kommt die letzte Prüfung."

Die dritte Prüfung führte sie zu einem hohen Berg. „Auf dem Gipfel dieses Berges liegt der magische Kristall", sagte Florina. „Der Aufstieg ist schwierig und voller Hindernisse."

Lina begann den Aufstieg. Der Weg war steil und steinig, und sie musste über Felsen klettern und sich durch dichte Büsche kämpfen. Doch sie gab nicht auf. Ihr Mut und ihre Entschlossenheit trieben sie voran. Schließlich, nach einem langen und anstrengenden Aufstieg, erreichte sie den Gipfel.

Dort, auf einem Podest aus glänzendem Stein, lag der magische Kristall. Er strahlte ein warmes, goldenes Licht aus und funkelte wie tausend Sterne. Lina nahm den Kristall vorsichtig in ihre Hände und fühlte eine mächtige Energie durch ihren Körper strömen.

„Du hast es geschafft, Lina", sagte Florina, die plötzlich neben ihr erschien. „Du hast alle Prüfungen bestanden und den magischen Kristall gefunden. Der Wald und seine Bewohner werden dir ewig dankbar sein."

Mit dem Kristall in der Hand machte sich Lina auf den Rückweg. Der Tunnel schien kürzer und leichter zu durchqueren, als sie zurück zu der alten Eiche kehrte. Sie rannte so schnell sie konnte zurück zu der Höhle, wo Draconis bereits auf sie wartete.

„Du hast es geschafft, Lina", rief Draconis freudig aus, als er den Kristall sah. „Du hast den Wald gerettet!"

Lina überreichte ihm den Kristall und Draconis platzierte ihn vorsichtig in eine Vertiefung im Boden. Sofort begann der Wald um sie herum zu leuchten und die Blumen blühten in leuchtenden Farben. Die Vögel sangen fröhliche Lieder und die Tiere kamen aus ihren Verstecken, um Lina zu danken.

„Danke, Lina", sagte Draconis. „Dank deiner Tapferkeit und Entschlossenheit ist der Wald wieder lebendig."

Lina lächelte und fühlte sich stolz. „Es war ein großes Abenteuer. Ich bin froh, dass ich helfen konnte."

Von diesem Tag an war Lina die Heldin von Sonnenhausen. Sie erzählte ihre Geschichte oft den anderen Kindern im Dorf, und alle hörten gespannt zu. Und jedes Mal, wenn Lina durch den Wald ging, wusste sie, dass sie von ihren Freunden, den Tieren und Draconis, dem magischen Drachen, begleitet wurde.

So lebte Lina glücklich und zufrieden weiter und erlebte viele weitere Abenteuer in ihrem geliebten Wald. Und wer weiß, vielleicht wartet auch auf dich irgendwo ein magisches Abenteuer. Man muss nur mutig genug sein, es zu finden.

Lina's Adventure with the Magical Dragon

ONCE UPON A TIME, IN a small village called Sonnenhausen, there was a cheerful girl named Lina. Lina was seven years old and loved to play in the forest surrounding the village. She was curious and brave, and often dreamed of having great adventures.

One sunny day, while Lina was wandering through the forest, she discovered a small cave she had never seen before. The cave was adorned with colorful flowers and shiny stones. Curious as she was, Lina couldn't resist and crawled inside.

The cave was larger than it appeared from the outside. It led into a large, mysterious room illuminated by a warm, golden light. In the center of the room lay a magnificent dragon. He had shimmering, emerald green scales and golden eyes that sparkled kindly as he saw Lina.

"Hello, little girl," said the dragon in a gentle, deep voice. "My name is Draconis. Who are you?"

At first, Lina was a little scared, but the dragon's friendly eyes quickly reassured her. "My name is Lina," she replied. "What are you doing here, Draconis?"

Draconis smiled and slowly rose. "I am a magical dragon and have guarded this forest for many centuries. But now I need your help."

Lina was surprised. "My help? How can I help you?"

"A long time ago," began Draconis, "I lost a magical crystal that has the power to keep the forest in bloom and make the animals happy. Without it, the forest is slowly dying. You are brave and clever, Lina. I believe you can find the crystal and bring it back."

Lina felt both flattered and excited. "Where can I find the crystal?"

Draconis told her about an ancient oak tree deep in the forest. "Under its roots lies a hidden tunnel that leads to another world. There you will find the crystal, but be careful. This world is full of riddles and challenges."

Lina nodded determinedly. "I will find the crystal and bring it back!"

Draconis blessed her with a gentle breath, giving Lina a feeling of strength and courage. "Good luck, little heroine."

Lina immediately set off for the ancient oak. The journey was long and arduous, but Lina's determination kept her going. Finally, she reached the giant oak, whose roots spread out like powerful arms into the ground.

Under the roots, Lina found a hidden entrance, just as Draconis had described. She crawled inside and found herself in a dark, winding tunnel. At the end of the tunnel, a faint light glowed, and Lina followed it bravely.

The tunnel led to a breathtaking world full of shimmering colors and strange creatures. Lina saw flowers that glowed in the dark and birds with iridescent feathers that sang melodies she had never heard before.

Suddenly, a small fairy with glittering wings emerged from the flowers. "Welcome, Lina. I am Florina, the guardian of this world. I know you are looking for the magical crystal."

Lina was relieved. "Yes, please help me find it."

Florina smiled and nodded. "The crystal is located in the heart of the Enchanted Forest, but to get there, you must pass three trials."

Lina nodded determinedly. "I am ready."

The first trial led her to a river filled with giant stones and wild currents. "To cross the river," said Florina, "you must find the right path over the stones. But be careful, some of the stones are deceptive and will pull you into the water."

Lina carefully observed the stones and noticed that some of them wobbled slightly. Taking a deep breath, she bravely jumped from stone to stone, choosing the stable ones carefully and safely reaching the other shore.

"Well done, Lina," praised Florina. "The second trial awaits you."

She led Lina to a large, confusing maze made of tall hedges. "You must find your way through the maze," explained Florina. "But be careful, there are many dead ends and traps."

Lina entered the maze, letting her instincts guide her. She remembered her mother's words: "If you feel lost, listen to your heart." With this thought, she skillfully navigated through the maze, avoiding dead ends and finally finding the exit.

"You are truly clever and brave, Lina," said Florina. "Now comes the final trial."

The third trial led her to a high mountain. "At the top of this mountain lies the magical crystal," said Florina. "The climb is difficult and full of obstacles."

Lina began the ascent. The path was steep and rocky, and she had to climb over boulders and fight through dense bushes. But she didn't give up. Her courage and determination drove her forward. Finally, after a long and exhausting climb, she reached the summit.

There, on a pedestal of gleaming stone, lay the magical crystal. It radiated a warm, golden light and sparkled like a thousand stars. Lina carefully took the crystal in her hands and felt a powerful energy flow through her body.

"You did it, Lina," said Florina, who suddenly appeared beside her. "You have passed all the trials and found the magical crystal. The forest and its inhabitants will be forever grateful to you."

With the crystal in hand, Lina made her way back. The tunnel seemed shorter and easier to traverse as she returned to the ancient oak. She ran as fast as she could back to the cave, where Draconis was already waiting for her.

"You did it, Lina," Draconis exclaimed joyfully when he saw the crystal. "You have saved the forest!"

Lina handed him the crystal, and Draconis placed it carefully in a hollow in the ground. Immediately, the forest around them began to glow, and the flowers bloomed in vibrant colors. The birds sang joyful songs, and the animals came out of their hiding places to thank Lina.

"Thank you, Lina," said Draconis. "Thanks to your bravery and determination, the forest is alive again."

Lina smiled and felt proud. "It was a great adventure. I am glad I could help."

From that day on, Lina was the heroine of Sonnenhausen. She often told her story to the other children in the village, and everyone listened intently. And every time Lina walked through the forest, she knew she was accompanied by her friends, the animals, and Draconis, the magical dragon.

So, Lina lived happily and contentedly, experiencing many more adventures in her beloved forest. And who knows, perhaps a magical adventure awaits you somewhere too. You just have to be brave enough to find it.

Emma und das Geheimnis der sprechenden Tiere

ES WAR EINMAL EIN KLEINES Dorf namens Grünhausen, umgeben von einem dichten, märchenhaften Wald. In diesem Dorf lebte ein siebenjähriges Mädchen namens Emma. Emma hatte goldblonde Locken und strahlend blaue Augen, die immer neugierig in die Welt blickten. Sie liebte es, im Wald zu spielen und die Natur zu erkunden. Doch an einem Frühlingstag sollte sie ein Abenteuer erleben, das alles, was sie bisher kannte, übertreffen würde.

An diesem besonderen Tag beschloss Emma, tiefer in den Wald zu gehen als je zuvor. Sie schnappte sich ihren kleinen Rucksack, füllte ihn mit ein paar belegten Broten und einer Flasche Wasser und verabschiedete sich von ihrer Mutter.

„Pass auf dich auf, Emma", sagte ihre Mutter und gab ihr einen Kuss auf die Stirn. „Und komm rechtzeitig zum Abendessen zurück."

„Versprochen, Mama", rief Emma fröhlich und machte sich auf den Weg.

Der Wald war voller Leben. Die Vögel sangen fröhlich, die Bäume rauschten im Wind, und die Sonnenstrahlen tanzten auf dem Moos. Emma lief und sprang über Wurzeln und Steine, bis sie an eine Stelle kam, die sie noch nie zuvor gesehen hatte. Vor ihr lag eine kleine, versteckte Lichtung, in deren Mitte ein großer, uralter Baum stand.

Der Baum war anders als alle anderen. Seine Rinde schimmerte golden im Sonnenlicht, und seine Blätter waren von einem tiefen, magischen Grün. Emma fühlte sich von diesem Baum angezogen und trat näher. Als sie ihre Hand auf die Rinde legte, spürte sie ein sanftes Pulsieren, als ob der Baum lebendig wäre.

„Hallo, kleines Mädchen", ertönte plötzlich eine tiefe, sanfte Stimme.

Emma zuckte erschrocken zurück und sah sich um. „Wer hat da gesprochen?"

„Ich bin es, der Baum", antwortete die Stimme. „Mein Name ist Aurelius."

Emma rieb sich die Augen, konnte es kaum glauben. „Du kannst sprechen?"

„Ja, das kann ich", sagte Aurelius. „Und nicht nur ich. In diesem Wald gibt es viele Geheimnisse und Wunder. Aber ich brauche deine Hilfe, Emma."

Emma war neugierig und aufgeregt zugleich. „Was kann ich tun, um zu helfen?"

Aurelius erzählte ihr von einem alten Zauber, der den Wald und seine Bewohner beschützte. Dieser Zauber wurde von einem magischen Amulett aufrechterhalten, das vor langer Zeit verloren ging. Ohne das Amulett begannen die Tiere ihre

Fähigkeit zu verlieren, miteinander zu sprechen und den Wald zu verstehen. „Du bist die Auserwählte, Emma", sagte Aurelius. „Nur du kannst das Amulett finden und den Zauber wiederherstellen."

Emma nickte entschlossen. „Wo finde ich das Amulett?"

„Du musst dem Fluss folgen, bis du die Wasserfälle erreichst", erklärte Aurelius. „Dort wirst du eine verborgene Höhle finden. Das Amulett ist dort, gut versteckt."

Ohne zu zögern, machte sich Emma auf den Weg. Sie folgte dem plätschernden Fluss durch den Wald. Die Reise war nicht einfach. Sie musste über umgestürzte Bäume klettern und durch dichtes Unterholz kriechen. Doch Emma ließ sich nicht entmutigen. Ihre Entschlossenheit wuchs mit jedem Schritt.

Nach einer Weile hörte sie das donnernde Rauschen der Wasserfälle. Als sie näher kam, sah sie die majestätischen Wasserfälle, die in einem silbernen Schleier in einen tiefen, klaren See stürzten. Emma wusste, dass die Höhle irgendwo in der Nähe sein musste.

Sie suchte gründlich und entdeckte schließlich hinter einem dichten Vorhang aus Efeu den Eingang zur Höhle. Die Höhle war dunkel und kühl, aber Emma hatte keine Angst. Sie holte ihre Taschenlampe aus dem Rucksack und trat mutig ein.

Die Höhle führte tief in den Berg hinein. Die Wände waren mit glitzernden Kristallen bedeckt, die das Licht der Taschenlampe reflektierten und die Dunkelheit erhellten. Nach einer Weile erreichte Emma eine große Kammer. In der Mitte der Kammer stand ein steinerner Altar, auf dem ein goldenes Amulett lag. Es funkelte und schimmerte im Licht der Kristalle.

„Das muss es sein", flüsterte Emma und trat näher.

Doch gerade als sie das Amulett berühren wollte, hörte sie ein tiefes Knurren. Aus den Schatten trat ein großer, schwarzer Wolf. Seine Augen glühten rot und er fletschte die Zähne. Emma erstarrte vor Schreck.

„Wer wagt es, das Amulett zu nehmen?" knurrte der Wolf.

Emma nahm all ihren Mut zusammen und antwortete: „Ich bin Emma. Der Baum Aurelius hat mich geschickt, um den Wald zu retten."

Der Wolf musterte sie aufmerksam. Dann entspannten sich seine Züge und er trat zur Seite. „Wenn du wirklich die Auserwählte bist, dann sollst du das Amulett haben", sagte er. „Aber sei gewarnt: Das Amulett zu tragen bedeutet große Verantwortung."

Emma nickte und nahm das Amulett vorsichtig in ihre Hände. „Ich verstehe. Ich werde gut darauf aufpassen."

Mit dem Amulett in ihrer Hand verließ sie die Höhle und machte sich auf den Rückweg zu Aurelius. Der Wald schien heller und lebendiger, als sie zurückkam. Als sie die Lichtung erreichte, wartete Aurelius bereits auf sie.

„Du hast es geschafft, Emma", sagte Aurelius freudig. „Jetzt müssen wir den Zauber wiederherstellen."

Emma hängte das Amulett um den Ast von Aurelius. Sofort begann das Amulett zu leuchten und eine warme, goldene Energie breitete sich im Wald aus. Die Tiere, die sich um die Lichtung versammelt hatten, fingen an zu sprechen und zu singen.

„Danke, Emma", sagte ein kleiner Hase. „Dank dir können wir wieder miteinander sprechen."

„Du hast uns gerettet", fügte ein Reh hinzu. „Wir werden dir ewig dankbar sein."

Emma lächelte glücklich. „Es war mir eine Ehre, euch zu helfen."

Von diesem Tag an war Emma die Heldin des Waldes. Die Tiere erzählten sich Geschichten über ihre Tapferkeit und ihren Mut. Emma besuchte den Wald oft und sprach mit ihren neuen Freunden. Und jedes Mal, wenn sie an der Lichtung vorbeikam, begrüßte sie Aurelius, der immer ein freundliches Wort für sie hatte.

So lebte Emma glücklich und zufrieden weiter, immer bereit für neue Abenteuer. Denn sie wusste, dass der Wald voller Geheimnisse war und dass sie immer willkommen war, sie zu entdecken.

Und wer weiß, vielleicht wartet auch auf dich irgendwo ein magisches Abenteuer. Man muss nur mutig genug sein, es zu finden.

Emma and the Secret of the Talking Animals

ONCE UPON A TIME, THERE was a small village called Grünhausen, surrounded by a dense, magical forest. In this village lived a seven-year-old girl named Emma. Emma had golden blonde curls and sparkling blue eyes that always looked curiously at the world. She loved to play in the forest and explore nature. But on one spring day, she was about to experience an adventure that would surpass everything she had known before.

On this special day, Emma decided to venture deeper into the forest than ever before. She grabbed her small backpack, filled it with a few sandwiches and a bottle of water, and said goodbye to her mother.

"Take care of yourself, Emma," her mother said, giving her a kiss on the forehead. "And be back in time for dinner."

"Promise, Mom," Emma called out cheerfully and set off on her way.

The forest was full of life. The birds sang happily, the trees rustled in the wind, and the sunbeams danced on the moss. Emma ran and jumped over roots and stones until she came to a spot she had never seen before. Before her lay a small, hidden clearing, in the center of which stood a large, ancient tree.

The tree was unlike any other. Its bark shimmered golden in the sunlight, and its leaves were of a deep, magical green. Emma felt drawn to this tree and approached. When she placed her hand on the bark, she felt a gentle pulsation, as if the tree were alive.

"Hello, little girl," suddenly a deep, gentle voice sounded.

Emma was startled and looked around. "Who spoke?"

"It's me, the tree," replied the voice. "My name is Aurelius."

Emma rubbed her eyes, scarcely able to believe it. "You can speak?"

"Yes, I can," said Aurelius. "And not just me. In this forest, there are many secrets and wonders. But I need your help, Emma."

Emma was curious and excited at the same time. "What can I do to help?"

Aurelius told her about an ancient spell that protected the forest and its inhabitants. This spell was maintained by a magical amulet that was lost long ago. Without the amulet, the animals began to lose their ability to speak to each other and understand the forest. "You are the chosen one, Emma," said Aurelius. "Only you can find the amulet and restore the spell."

Emma nodded determinedly. "Where do I find the amulet?"

"You must follow the river until you reach the waterfalls," Aurelius explained. "There you will find a hidden cave. The amulet is there, well hidden."

Without hesitation, Emma set off. She followed the babbling river through the forest. The journey was not easy. She had to climb over fallen trees and crawl through dense undergrowth. But Emma was not discouraged. Her determination grew with every step.

After a while, she heard the thundering roar of the waterfalls. As she approached, she saw the majestic waterfalls cascading into a deep, clear lake like a silver veil. Emma knew the cave must be nearby.

She searched thoroughly and eventually discovered behind a dense curtain of ivy the entrance to the cave. The cave was dark and cool, but Emma was not afraid. She took her flashlight out of her backpack and bravely entered.

The cave led deep into the mountain. The walls were covered with glittering crystals that reflected the light of the flashlight and illuminated the darkness. After a while, Emma reached a large chamber. In the middle of the chamber stood a stone altar on which lay a golden amulet. It sparkled and shimmered in the light of the crystals.

"That must be it," whispered Emma and approached.

But just as she was about to touch the amulet, she heard a deep growl. From the shadows emerged a large, black wolf. Its eyes glowed red, and it bared its teeth. Emma froze in shock.

"Who dares to take the amulet?" growled the wolf.

Emma gathered all her courage and replied, "I am Emma. The tree Aurelius sent me to save the forest."

The wolf scrutinized her attentively. Then his features relaxed, and he stepped aside. "If you are truly the chosen one, then you shall have the amulet," he said. "But be warned: wearing the amulet carries great responsibility."

Emma nodded and took the amulet carefully in her hands. "I understand. I will take good care of it."

With the amulet in her hand, she left the cave and set off on her way back to Aurelius. The forest seemed brighter and more alive as she returned. When she reached the clearing, Aurelius was already waiting for her.

"You did it, Emma," Aurelius said joyfully. "Now we must restore the spell."

Emma hung the amulet around the branch of Aurelius. Immediately, the amulet began to glow, and a warm, golden energy spread through the forest. The animals gathered around the clearing started to speak and sing.

"Thank you, Emma," said a little rabbit. "Thanks to you, we can speak to each other again."

"You saved us," added a deer. "We will be forever grateful to you."

Emma smiled happily. "It was an honor to help you."

From that day on, Emma was the heroine of the forest. The animals told stories of her bravery and courage. Emma often visited the forest and talked with her new friends. And every time she passed by the clearing, she greeted Aurelius, who always had a friendly word for her.

So Emma lived happily and contentedly, always ready for new adventures. Because she knew that the forest was full of secrets and that she was always welcome to discover them.

And who knows, perhaps a magical adventure awaits you somewhere too. You just have to be brave enough to find it.

Finn und das verborgene Königreich der Wolken

IN EINEM KLEINEN DORF namens Sonnenfeld, das von sanften Hügeln und endlosen Blumenwiesen umgeben war, lebte ein achtjähriger Junge namens Finn. Finn hatte leuchtend rote Haare und Sommersprossen, die über sein Gesicht tanzten wie die Sterne am Nachthimmel. Er war ein neugieriger und abenteuerlustiger Junge, der davon träumte, die Welt zu erkunden und geheimnisvolle Orte zu entdecken.

Eines Morgens, als die Sonne gerade über den Horizont stieg und die Welt in goldenes Licht tauchte, entschloss sich Finn, den höchsten Hügel des Dorfes zu besteigen. Er hatte oft Geschichten über den Hügel gehört, von denen die Alten im Dorf erzählten – Geschichten über magische Wesen und verborgene Welten. Mit einem Rucksack voller Proviant und seinem treuen Hund Max an seiner Seite machte sich Finn auf den Weg.

Der Aufstieg war steil und beschwerlich, aber Finn ließ sich nicht entmutigen. Max bellte fröhlich und lief voraus, als ob er das Abenteuer genauso genoss wie sein Herrchen. Nach einer Weile erreichten sie den Gipfel des Hügels. Finn schnaufte zufrieden und schaute sich um. Von hier oben konnte er das ganze Dorf und die umliegenden Felder sehen. Es war ein atemberaubender Anblick.

Doch plötzlich bemerkte Finn etwas Seltsames. Über dem Hügel hing eine große, weiße Wolke, die tiefer und näher schien als alle anderen Wolken. Sie schien zu pulsieren und funkelte leicht im Sonnenlicht. Finns Herz klopfte schneller vor Aufregung. „Das muss eine besondere Wolke sein", murmelte er und trat näher.

Als er die Wolke berührte, fühlte er ein sanftes Kribbeln in seinen Fingern. Plötzlich spürte er einen Sog, der ihn nach oben zog. Max jaulte erschrocken, doch bevor Finn reagieren konnte, wurden sie beide in die Wolke gezogen. Alles um ihn herum wurde weiß und verschwommen. Er fühlte sich, als würde er schweben.

Nach einem Moment der Verwirrung fand sich Finn in einer anderen Welt wieder. Er stand auf einer flauschigen, weißen Wolkenlandschaft, die sich bis zum Horizont erstreckte. Die Wolken unter seinen Füßen fühlten sich weich und fest zugleich an, wie ein federndes Kissen. Max stand neben ihm und wedelte nervös mit dem Schwanz.

„Willkommen im Königreich der Wolken, junger Abenteurer", ertönte eine freundliche Stimme.

Finn drehte sich um und sah eine kleine, schillernde Fee mit silbernen Flügeln. Sie schwebte vor ihm und lächelte. „Ich bin Luna, die Hüterin dieses Königreichs. Es ist lange her, dass ein Mensch unseren geheimen Ort gefunden hat."

Finn staunte. „Das ist unglaublich! Wo sind wir genau?"

Luna lächelte. „Du bist im Königreich der Wolken, einem magischen Ort hoch über der Erde. Nur die Mutigsten und Neugierigsten können ihn finden. Aber ich fürchte, wir haben ein Problem, und ich hoffe, du kannst uns helfen."

Finns Augen leuchteten auf. „Was für ein Problem? Wie kann ich helfen?"

Luna seufzte und erklärte: „Der Wolkenkristall, der das Gleichgewicht und die Magie in unserem Königreich erhält, wurde gestohlen. Ohne ihn beginnen die Wolken zu verschwinden und unser Reich zerfällt. Der Kristall wurde von dem finsteren Sturmgeist Boras gestohlen. Er lebt in der Sturmburg, weit im Norden."

Finn nickte entschlossen. „Ich werde den Kristall zurückholen. Zeig mir den Weg."

Luna überreichte ihm einen kleinen, funkelnden Kompass. „Dieser Kompass wird dir den Weg weisen. Folge ihm und sei vorsichtig. Boras ist gefährlich, aber ich glaube an dich."

Mit Max an seiner Seite machte sich Finn auf den Weg. Der Kompass zeigte ihnen den Weg durch die Wolkenlandschaft. Sie gingen durch dichte Nebelfelder, kletterten über schwebende Brücken aus Regenbogen und durchquerten glitzernde Wolkengärten. Überall begegneten sie freundlichen Wolkenwesen, die ihnen Mut zusprachen und ihnen halfen, wenn sie in Schwierigkeiten gerieten.

Nach einer langen und abenteuerlichen Reise erreichten sie schließlich die Sturmburg. Sie war eine imposante Festung aus dunklen, brodelnden Wolken, die von Blitzen erhellt wurde. Donner grollte bedrohlich, als Finn und Max näher kamen. Vor dem Tor stand Boras, der Sturmgeist, ein mächtiges Wesen mit Augen wie Wirbelstürme und einer Stimme wie Donnergrollen.

„Wer wagt es, meine Burg zu betreten?" donnerte Boras und funkelte Finn zornig an.

Finn trat mutig vor. „Ich bin Finn und ich bin hier, um den Wolkenkristall zurückzuholen. Das Königreich der Wolken braucht ihn."

Boras lachte höhnisch. „Du bist mutig, kleiner Mensch, aber auch töricht. Ich werde den Kristall niemals hergeben."

Finn wusste, dass er Boras nicht mit Gewalt überwältigen konnte. Stattdessen dachte er an die vielen Geschichten, die er im Dorf gehört hatte, über listige Helden, die mit Klugheit und Mut siegten. „Boras, lass uns einen Wettstreit machen", schlug er vor. „Wenn ich gewinne, gibst du mir den Kristall zurück. Wenn du gewinnst, darfst du mich und Max behalten."

Boras zögerte, doch die Aussicht auf einen Wettstreit reizte ihn. „Einverstanden. Was schlägst du vor?"

Finn überlegte kurz und sagte dann: „Wir werden ein Wettrennen um deine Burg machen. Der Erste, der dreimal die Burg umrundet, gewinnt."

Boras lachte laut. „Sehr gut! Aber sei gewarnt, ich bin schnell wie der Wind."

Finn nickte und bereitete sich vor. Luna, die ihm gefolgt war, um ihn zu unterstützen, flüsterte ihm zu: „Vertraue auf deinen Mut und deine Klugheit, Finn. Du kannst es schaffen."

Das Rennen begann. Boras schoss wie ein Blitz los, während Finn und Max so schnell wie möglich hinterher rannten. Doch Boras war viel schneller. Er hatte bereits zwei Runden absolviert, als Finn und Max gerade ihre erste Runde beendeten.

Finn wusste, dass er eine andere Taktik brauchte. Er erinnerte sich an die Brücken aus Regenbogen, die sie zuvor überquert hatten. Er nutzte die Kraft des Kompasses, um eine kleine Regenbogenbrücke zu erschaffen, die direkt zur Spitze der Burg führte. Mit einem mutigen Sprung erreichten Finn und Max die Spitze und rutschten hinunter, direkt vor Boras, der gerade seine letzte Runde begann.

Boras war überrascht und wütend. „Das ist unmöglich!"

Finn grinste. „Du hast gesagt, es ist ein Wettstreit. Ich habe nur meine Klugheit benutzt."

Mit einem wütenden Grollen musste Boras sein Versprechen einhalten. Er holte den Wolkenkristall hervor und übergab ihn Finn. „Du hast gewonnen, kleiner Mensch. Nimm den Kristall und geh."

Finn nahm den Kristall und bedankte sich. Zusammen mit Max und Luna machte er sich auf den Rückweg. Die Reise zurück ins Königreich der Wolken war erfüllt von Freude und Erleichterung. Die Wolkenwesen jubelten und feierten, als Finn den Kristall zurückbrachte und ihn in den Altar der Wolken einsetzte.

Sofort begann der Kristall zu leuchten und eine warme, heilende Energie breitete sich aus. Die Wolken wurden wieder fest und strahlend weiß, die Blumen blühten auf und die Magie des Königreichs kehrte zurück.

Luna lächelte stolz. „Du hast das Königreich der Wolken gerettet, Finn. Wir sind dir unendlich dankbar."

Finn fühlte sich glücklich und stolz. „Es war ein großes Abenteuer. Ich bin froh, dass ich helfen konnte."

Doch nun war es an der Zeit, nach Hause zurückzukehren. Mit einem letzten Blick auf das magische Königreich der Wolken verabschiedete sich Finn von Luna und den Wolkenwesen. Mit Max an seiner Seite kehrte er zur Stelle zurück, wo alles begonnen hatte.

Als sie wieder in der Welt der Menschen ankamen, fühlte sich Finn verändert. Er hatte ein großes Abenteuer erlebt und wusste, dass er immer bereit sein würde, anderen zu helfen, egal wie schwierig die Aufgabe auch sein mochte.

Zurück in Sonnenfeld erzählte Finn den Dorfbewohnern von seinem unglaublichen Abenteuer. Die Menschen lauschten gespannt und staunten über seine Geschichten.

Von diesem Tag an lebte Finn glücklich und zufrieden, immer auf der Suche nach neuen Abenteuern. Er wusste, dass die Welt voller Geheimnisse und Wunder war, und er war bereit, sie zu entdecken.

Und wer weiß, vielleicht wartet auch auf dich irgendwo ein magisches Abenteuer. Man muss nur mutig genug sein, es zu finden.

41

Finn and the Hidden Kingdom of the Clouds

IN A SMALL VILLAGE called Sunfield, surrounded by gentle hills and endless flower meadows, lived an eight-year-old boy named Finn. Finn had bright red hair and freckles that danced across his face like the stars in the night sky. He was a curious and adventurous boy who dreamed of exploring the world and discovering mysterious places.

One morning, as the sun was rising over the horizon and bathing the world in golden light, Finn decided to climb the highest hill in the village. He had often heard stories about the hill, told by the elders in the village – stories about magical beings and hidden worlds. With a backpack full of provisions and his faithful dog Max by his side, Finn set off.

The climb was steep and arduous, but Finn was not discouraged. Max barked happily and ran ahead, as if he enjoyed the adventure as much as his master. After a while, they reached the top of the hill. Finn breathed a sigh of satisfaction and looked around. From up here, he could see the entire village and the surrounding fields. It was a breathtaking sight.

But suddenly, Finn noticed something strange. Above the hill hung a large, white cloud, which seemed deeper and closer than any other clouds. It seemed to pulsate and shimmer slightly in the sunlight. Finn's heart beat faster with excitement. "That must be a special cloud," he murmured and stepped closer.

As he touched the cloud, he felt a gentle tingling in his fingers. Suddenly, he felt a pull, drawing him upwards. Max whimpered in alarm, but before Finn could react, they were both drawn into the cloud. Everything around him turned white and blurry. He felt as if he were floating.

After a moment of confusion, Finn found himself in another world. He stood on a fluffy, white cloud landscape that stretched to the horizon. The clouds under his feet felt soft and firm at the same time, like a bouncy pillow. Max stood beside him, wagging his tail nervously.

"Welcome to the Kingdom of the Clouds, young adventurer," a friendly voice sounded.

Finn turned around and saw a small, shimmering fairy with silver wings. She floated in front of him, smiling. "I am Luna, the guardian of this kingdom. It has been a long time since a human found our secret place."

Finn was amazed. "This is incredible! Where exactly are we?"

Luna smiled. "You are in the Kingdom of the Clouds, a magical place high above the earth. Only the bravest and most curious can find it. But I'm afraid we have a problem, and I hope you can help us."

Finn's eyes lit up. "What problem? How can I help?"

Luna sighed and explained: "The Cloud Crystal, which maintains the balance and magic in our kingdom, has been stolen. Without it, the clouds begin to disappear, and our realm is falling apart. The crystal was stolen by the dark storm spirit Boras. He lives in the Storm Castle, far to the north."

Finn nodded determinedly. "I will retrieve the crystal. Show me the way."

Luna handed him a small, sparkling compass. "This compass will guide you. Follow it and be careful. Boras is dangerous, but I believe in you."

With Max by his side, Finn set off. The compass showed them the way through the cloud landscape. They passed through dense fields of fog, climbed over floating rainbow bridges, and crossed glittering cloud gardens. Everywhere, they encountered friendly cloud creatures who encouraged them and helped them when they got into trouble.

After a long and adventurous journey, they finally reached the Storm Castle. It was an imposing fortress made of dark, roiling clouds, illuminated by lightning. Thunder rumbled ominously as Finn and Max approached. Standing in front of the gate was Boras, the storm spirit, a powerful being with eyes like whirlwinds and a voice like thunder.

"Who dares to enter my castle?" thundered Boras, glaring angrily at Finn.

Finn stepped forward bravely. "I am Finn, and I am here to retrieve the Cloud Crystal. The Kingdom of the Clouds needs it."

Boras laughed scornfully. "You are brave, little human, but also foolish. I will never give up the crystal."

Finn knew he could not overpower Boras with force. Instead, he thought of the many stories he had heard in the village, about cunning heroes who triumphed with cleverness and courage. "Boras, let's make a contest," he suggested. "If I win, you give me back the crystal. If you win, you can keep me and Max."

Boras hesitated, but the prospect of a contest intrigued him. "Agreed. What do you propose?"

Finn thought for a moment and then said, "We will have a race around your castle. The first one to circle the castle three times wins."

Boras laughed loudly. "Very well! But be warned, I am swift as the wind."

Finn nodded and prepared himself. Luna, who had followed him to support him, whispered to him, "Trust in your courage and your cleverness, Finn. You can do it."

The race began. Boras shot off like lightning, while Finn and Max ran as fast as they could behind him. But Boras was much faster. He had already completed two laps by the time Finn and Max finished their first lap.

Finn knew he needed a different tactic. He remembered the rainbow bridges they had crossed earlier. He used the power of the compass to create a small rainbow bridge that led directly to the top of the castle. With a bold leap, Finn and Max reached the top and slid down, right in front of Boras, who was just starting his last lap.

Boras was surprised and furious. "This is impossible!"

Finn grinned. "You said it's a contest. I just used my cleverness."

With a furious growl, Boras had to keep his promise. He retrieved the Cloud Crystal and handed it to Finn. "You have won, little human. Take the crystal and go."

Finn took the crystal and thanked him. Together with Max and Luna, he set off on the journey back. The journey back to the Kingdom of the Clouds was filled with joy and relief. The cloud creatures cheered and celebrated as Finn returned the crystal and placed it in the Cloud Altar.

Immediately, the crystal began to glow, and a warm, healing energy spread out. The clouds became firm and radiant white again, the flowers bloomed, and the magic of the kingdom returned.

Luna smiled proudly. "You have saved the Kingdom of the Clouds, Finn. We are infinitely grateful to you."

Finn felt happy and proud. "It was a great adventure. I'm glad I could help."

But now it was time to return home. With one last look at the magical Kingdom of the Clouds, Finn said goodbye to Luna and the cloud creatures. With Max by his side, he returned to the spot where it all began.

When they returned to the world of humans, Finn felt changed. He had experienced a great adventure and knew that he would always be ready to help others, no matter how difficult the task might be.

Back in Sunfield, Finn told the villagers about his incredible adventure. The people listened eagerly and marveled at his stories.

From that day on, Finn lived happily and contentedly, always seeking new adventures. He knew that the world was full of secrets and wonders, and he was ready to discover them.

And who knows, perhaps there's a magical adventure waiting for you somewhere too. You just have to be brave enough to find it.

Die Abenteuer von Mia und dem verzauberten Wald

ES WAR EINMAL EIN FRÖHLICHES Mädchen namens Mia, das in einem kleinen Dorf namens Sonnenblick lebte. Mia hatte lebhafte, grüne Augen und lockiges, blondes Haar, das im Wind tanzte, wenn sie durch die Wiesen lief. Sie war ein neugieriges und abenteuerlustiges Mädchen, das immer auf der Suche nach neuen Entdeckungen war.

Eines Tages, als Mia durch den nahegelegenen Wald streifte, entdeckte sie einen geheimnisvollen Pfad, den sie noch nie zuvor gesehen hatte. Die Bäume waren dicht und die Blätter raschelten im sanften Wind. Neugierig folgte Mia dem Pfad tiefer in den Wald hinein.

Plötzlich tauchte vor ihr eine wunderschöne Lichtung auf, die von bunten Blumen und glitzernden Schmetterlingen geschmückt war. In der Mitte der Lichtung stand ein majestätischer Baum mit leuchtend weißen Blättern und funkelnden Ästen.

Fasziniert trat Mia näher an den Baum heran. Plötzlich hörte sie eine melodische Stimme, die aus den Blättern zu kommen schien. „Willkommen, Mia", sagte die Stimme. „Ich bin Flora, die Hüterin dieses verzauberten Waldes."

Mia konnte ihren Ohren kaum glauben. „Ein sprechender Baum?" flüsterte sie erstaunt.

„Ja, das bin ich", antwortete Flora mit einem sanften Lachen. „Und du bist die Auserwählte, die dazu bestimmt ist, unseren Wald zu retten."

Mia war sprachlos. „Aber wie kann ich euch helfen?"

Flora erklärte Mia, dass der Wald durch einen bösen Zauber bedroht sei, der die Natur langsam verschwinden ließ. „Du musst die drei magischen Edelsteine finden, um den Zauber zu brechen und den Wald zu retten", sagte Flora.

Entschlossen nickte Mia. „Ich werde alles tun, um euch zu helfen."

Flora lächelte. „Gut, dann lass mich dir den Weg zeigen."

Mia folgte Flora tief in den Wald hinein. Sie durchquerten dichte Wälder, überquerten klare Bäche und kletterten steile Berge. Unterwegs trafen sie auf freundliche Tiere, die Mia halfen und ihr Mut zusprachen.

Nach einer langen Reise erreichten sie schließlich eine geheimnisvolle Höhle, in der die drei magischen Edelsteine verborgen waren. Doch die Höhle wurde von einem gefährlichen Drachen bewacht, der jeden eindringenden Eindringling bedrohte.

Mutig trat Mia vor den Drachen und bat um die Edelsteine, um den Wald zu retten. Der Drache, der von ihrem Mut beeindruckt war, entschied sich, ihr zu helfen, anstatt sie zu bekämpfen. Er übergab ihr die Edelsteine und wünschte ihr viel Glück auf ihrer Reise.

Mit den magischen Edelsteinen in der Hand kehrte Mia zum verzauberten Wald zurück. Sie platzierte die Edelsteine an den richtigen Orten und brach damit den bösen Zauber. Sofort begann der Wald zum Leben zu erwachen. Die Bäume blühten auf, die Blumen erstrahlten in den schönsten Farben und die Tiere waren voller Freude.

Flora und die anderen Bewohner des Waldes waren Mia unendlich dankbar. „Du hast unseren Wald gerettet, Mia", sagten sie. „Wir werden immer in deiner Schuld stehen."

Mia lächelte glücklich. „Es war mir eine Ehre, euch zu helfen. Der Wald ist ein wunderschöner Ort, und ich bin froh, dass er gerettet ist."

Von diesem Tag an war Mia eine Heldin im Dorf Sonnenblick. Die Menschen erzählten sich Geschichten über ihre Tapferkeit und ihren Mut. Und Mia wusste, dass sie immer willkommen war im verzauberten Wald, wo sie viele weitere Abenteuer erleben würde.

The Adventures of Mia and the Enchanted Forest

ONCE UPON A TIME, THERE was a cheerful girl named Mia who lived in a small village called Sunview. Mia had lively green eyes and curly blonde hair that danced in the wind as she ran through the meadows. She was a curious and adventurous girl, always on the lookout for new discoveries.

One day, as Mia roamed through the nearby forest, she discovered a mysterious path that she had never seen before. The trees were dense, and the leaves rustled in the gentle breeze. Curious, Mia followed the path deeper into the forest.

Suddenly, a beautiful clearing appeared before her, adorned with colorful flowers and glittering butterflies. In the center of the clearing stood a majestic tree with gleaming white leaves and sparkling branches.

Fascinated, Mia approached the tree. Suddenly, she heard a melodious voice coming from the leaves. "Welcome, Mia," said the voice. "I am Flora, the guardian of this enchanted forest."

Mia could hardly believe her ears. "A talking tree?" she whispered in astonishment.

"Yes, that's me," replied Flora with a gentle laugh. "And you are the chosen one destined to save our forest."

Mia was speechless. "But how can I help you?"

Flora explained to Mia that the forest was threatened by an evil spell that was slowly causing nature to disappear. "You must find the three magical gemstones to break the spell and save the forest," said Flora.

Determined, Mia nodded. "I will do everything I can to help you."

Flora smiled. "Good, then let me show you the way."

Mia followed Flora deep into the forest. They traversed dense forests, crossed clear streams, and climbed steep mountains. Along the way, they encountered friendly animals who helped Mia and encouraged her with their courage.

After a long journey, they finally reached a mysterious cave where the three magical gemstones were hidden. But the cave was guarded by a dangerous dragon who threatened to attack any intruder.

Bravely, Mia stepped forward and asked for the gemstones to save the forest. The dragon, impressed by her courage, decided to help her instead of fighting her. He handed her the gemstones and wished her luck on her journey.

With the magical gemstones in hand, Mia returned to the enchanted forest. She placed the gemstones in the right locations, breaking the evil spell. Immediately, the forest came to life. The trees blossomed, the flowers shone in the most beautiful colors, and the animals were filled with joy.

Flora and the other inhabitants of the forest were infinitely grateful to Mia. "You have saved our forest, Mia," they said. "We will always be in your debt."

Mia smiled happily. "It was an honor to help you. The forest is a beautiful place, and I am glad it is saved."

From that day on, Mia was a hero in the village of Sunview. People told stories of her bravery and courage. And Mia knew that she was always welcome in the enchanted forest, where she would experience many more adventures.

Das Geheimnis des Sternenlichts

ES WAR EINMAL IN EINEM kleinen Dorf namens Sternental, das sich in einem abgelegenen Tal zwischen majestätischen Bergen befand, ein kleiner Junge namens Lukas. Lukas hatte leuchtende blaue Augen, die so klar und strahlend waren wie der Himmel über dem Tal. Er war ein aufgeweckter und neugieriger Junge, der es liebte, durch die Wiesen zu rennen und die Sterne am Nachthimmel zu betrachten.

Eines Abends, als Lukas auf einer Anhöhe am Rande des Dorfes stand und in den klaren Nachthimmel starrte, bemerkte er ein merkwürdiges Funkeln zwischen den Sternen. Es war, als ob ein Teil des Himmels plötzlich zu leuchten begann und ein Geheimnis verbarg, das darauf wartete, entdeckt zu werden.

Fasziniert beschloss Lukas, dem Funkeln zu folgen. Er kletterte den Hügel hinunter und folgte einem schmalen Pfad, der ihn tiefer in den Wald führte. Die Bäume ragten hoch in den Himmel, und der Boden war mit Moos bedeckt, das im Schein des Mondes glänzte.

Nach einer Weile erreichte Lukas eine kleine Lichtung, auf der ein uralter Baum stand. Seine Äste reckten sich zum Himmel, und an seinen Zweigen schimmerten kleine Glühwürmchen wie funkelnde Sterne. In der Mitte der Lichtung befand sich ein seltsamer Altar, der von leuchtenden Kristallen umgeben war.

Lukas trat näher, fasziniert von der Schönheit des Ortes. Plötzlich hörte er eine sanfte Stimme, die ihn begrüßte. „Willkommen, Lukas", sagte die Stimme. „Ich bin Lumina, die Hüterin des Sternenlichts."

Lukas konnte seinen Augen und Ohren kaum trauen. „Das Sternenlicht spricht zu mir?" flüsterte er erstaunt.

„Ja, das bin ich", antwortete Lumina mit einem sanften Lächeln. „Und du bist der Auserwählte, der das Geheimnis des Sternenlichts lüften soll."

Lukas war sprachlos. „Aber was für ein Geheimnis verbirgt sich hinter dem Sternenlicht?"

Lumina erklärte Lukas, dass das Sternenlicht die Energie des Universums enthielt und durch einen alten Zauber geschützt wurde. Doch dieser Zauber war geschwächt, und das Sternenlicht drohte zu verlöschen. „Nur du kannst das Sternenlicht retten, Lukas", sagte Lumina. „Aber dazu musst du die drei Sternenjuwelen finden und an ihren rechtmäßigen Platz bringen."

Entschlossen nickte Lukas. „Ich werde das Sternenlicht retten, Lumina. Zeig mir den Weg."

Lumina lächelte. „Dann lass uns gemeinsam aufbrechen."

Gemeinsam machten sich Lukas und Lumina auf den Weg durch den Wald. Sie wanderten über steinige Pfade, durchquerten glitzernde Bäche und überwanden mutig jede Herausforderung, die sich ihnen in den Weg stellte. Unterwegs trafen sie auf freundliche Tiere, die ihnen halfen und sie ermutigten.

Nach einer langen Reise erreichten sie schließlich den Fuß des Berges, auf dem das erste Sternenjuwel verborgen war. Doch der Weg zur Spitze des Berges war gefährlich, gesäumt von steilen Klippen und brodelnden Lavaströmen.

Mutig und entschlossen begann Lukas den Aufstieg, begleitet von Lumina, die ihm mit ihrem glänzenden Licht den Weg wies. Sie überwanden jede Gefahr und erreichten schließlich den Gipfel des Berges, wo das erste Sternenjuwel in einem alten Tempel auf sie wartete.

Mit viel Geschick und Mut gelang es Lukas, das Juwel zu bergen und sicher zu verstauen. Doch der Weg war noch lange nicht zu Ende. Sie hatten noch zwei weitere Juwelen zu finden, um das Sternenlicht zu retten.

Gemeinsam machten sie sich auf den Weg zum zweiten Sternenjuwel, das in einer geheimnisvollen Höhle verborgen lag, die von glühenden Kristallen erleuchtet wurde. Sie durchquerten dunkle Gänge und überwanden knifflige Rätsel, bis sie endlich das Juwel fanden und sicherstellten.

Nun war es an der Zeit, das dritte und letzte Juwel zu finden. Es war verborgen in einem verzauberten Garten hoch über den Wolken, wo die Luft dünn und die Aussicht atemberaubend war. Doch Lukas und Lumina ließen sich nicht entmutigen. Mit Entschlossenheit und Zusammenhalt überwanden sie jede Herausforderung, die der Garten zu bieten hatte, und erreichten schließlich das letzte Juwel.

Mit allen drei Sternenjuwelen in ihrem Besitz kehrten Lukas und Lumina zum uralten Baum in der Lichtung zurück. Dort angekommen, platzierte Lukas die Juwelen an ihren rechtmäßigen Platz auf dem Altar. Sofort begann das Sternenlicht zu leuchten, und eine warme, heilende Energie breitete sich im Universum aus.

Lumina lächelte stolz. „Du hast das Sternenlicht gerettet, Lukas. Die Sterne werden dir immer dankbar sein."

Lukas lächelte glücklich. „Es war ein großes Abenteuer, Lumina. Aber ich bin froh, dass ich helfen konnte."

Mit einem letzten Blick in den klaren Nachthimmel verabschiedete sich Lukas von Lumina und dem Sternenlicht. Er kehrte in sein Dorf zurück, wo die Menschen ihn als Helden feierten und seine Geschichte von Generation zu Generation weitererzählten.

Und auch wenn die Abenteuer von Lukas und Lumina längst vorbei waren, würden ihre Geschichten für immer im Herzen derer leben, die an das Geheimnis des Sternenlichts glaubten.

The Secret of the Starlight

ONCE UPON A TIME IN a small village called Sternental, nestled in a secluded valley between majestic mountains, there lived a young boy named Lukas. Lukas had bright blue eyes, as clear and radiant as the sky above the valley. He was a lively and curious boy who loved running through the meadows and gazing at the stars in the night sky.

One evening, as Lukas stood on a hilltop at the edge of the village, gazing into the clear night sky, he noticed a peculiar sparkle among the stars. It was as if a part of the sky suddenly began to glow, hiding a secret waiting to be discovered.

Fascinated, Lukas decided to follow the sparkle. He climbed down the hill and followed a narrow path that led him deeper into the forest. The trees towered high into the sky, and the ground was covered with moss that glowed in the moonlight.

After a while, Lukas reached a small clearing where an ancient tree stood. Its branches reached up to the sky, and fireflies shimmered like twinkling stars on its branches. In the center of the clearing stood a strange altar surrounded by glowing crystals.

Lukas approached, captivated by the beauty of the place. Suddenly, he heard a gentle voice greeting him. "Welcome, Lukas," said the voice. "I am Lumina, the guardian of the starlight."

Lukas could hardly believe his eyes and ears. "The starlight is speaking to me?" he whispered in astonishment.

"Yes, it is I," replied Lumina with a gentle smile. "And you are the chosen one destined to unravel the secret of the starlight."

Lukas was speechless. "But what secret does the starlight hold?"

Lumina explained to Lukas that the starlight contained the energy of the universe and was protected by an ancient spell. But this spell was weakened, and the starlight was in danger of fading away. "Only you can save the starlight, Lukas," Lumina said. "But to do so, you must find the three star jewels and place them in their rightful positions."

Determined, Lukas nodded. "I will save the starlight, Lumina. Show me the way."

Lumina smiled. "Then let us embark on this journey together."

Together, Lukas and Lumina set out into the forest. They traversed rocky paths, crossed sparkling streams, and bravely overcame every challenge that stood in their way. Along the way, they encountered friendly animals who helped them and encouraged them.

After a long journey, they finally reached the foot of the mountain where the first star jewel was hidden. But the path to the summit of the mountain was treacherous, lined with steep cliffs and roiling lava flows.

Bravely and determinedly, Lukas began the ascent, guided by Lumina's shining light. They overcame every danger and finally reached the summit of the mountain, where the first star jewel awaited them in an ancient temple.

With skill and courage, Lukas retrieved the jewel and safely stowed it away. But the journey was far from over. They still had two more jewels to find to save the starlight.

Together, they set out to find the second star jewel, hidden in a mysterious cave illuminated by glowing crystals. They traversed dark passages and solved tricky puzzles until they finally found and secured the jewel.

Now it was time to find the third and final jewel. It was hidden in an enchanted garden high above the clouds, where the air was thin and the view breathtaking. But Lukas and Lumina were undeterred. With determination and unity, they overcame every challenge the garden presented and finally reached the last jewel.

With all three star jewels in their possession, Lukas and Lumina returned to the ancient tree in the clearing. There, Lukas placed the jewels in their rightful positions on the altar. Immediately, the starlight began to glow, and a warm, healing energy spread throughout the universe.

Lumina smiled proudly. "You have saved the starlight, Lukas. The stars will always be grateful to you."

Lukas smiled happily. "It was a great adventure, Lumina. But I am glad I could help."

With one last look at the clear night sky, Lukas bid farewell to Lumina and the starlight. He returned to his village, where the people celebrated him as a hero and passed down his story from generation to generation.

And even though the adventures of Lukas and Lumina were long over, their stories would live forever in the hearts of those who believed in the secret of the starlight.

www.ingramcontent.com/pod-product-compliance
Lightning Source LLC
Chambersburg PA
CBHW051351150726
48000CB00003B/1139